Con Mucho Infinito

por Brenda Teresa

Este libro tiene todos los derechos reservados. De acuerdo con la legislación vigente y bajo las sanciones en ella previstas, queda totalmente prohibida la reproducción y/o transmisión parcial o total de este libro sin la expresa autorización por escrito del autor o de la editorial.

©2025 Brenda Teresa Padilla
©2025 Con Pluma Papel LLC

ISBN: 978-1-956753-48-6

Editora en Jefe: Ima I. Ríos Arroyo
ima@conplumapapel.com
servicios@conplumapapel.com

Grupo Editorial: Con Pluma Papel LLC
Sello Editorial: Pluma Con Tinta

Primera Edición: septiembre 2025
San Juan, Puerto Rico

conplumapapel.com

Con Mucho Infinito

por Brenda Teresa

Con Pluma Papel LLC

conplumapapel.com

Dedicatoria

Dedico este libro a quienes, como yo, encontraron en la palabra un hogar, un desahogo, un norte y un alivio. A quienes escriben sin publicarse, pero se salvan cada vez que sueltan una oración. A quienes no tienen voz en lo cotidiano, pero sienten que las letras los abrazan con historias parecidas a las suyas. A quienes atraviesan el dolor, el amor, la pérdida y la alegría con el corazón abierto y la mirada sincera. A los que creen, igual que yo, que pueden sanar su alma a través de las letras.

Se lo dedico, también, a mi patria, Puerto Rico, siempre perfecta, con su alma indomable, su alegría en cada esquina, su café y el verdor de sus montañas; a El Yunque y sus ríos, a las playas que siempre me alivian el alma, a su gastronomía tan rica y deseada. Porque de esta tierra aprendí a resistir bailando, a sanar nombrando y a seguir soñando, aunque las sombras toquen a mi puerta.

A mis hijos, Roberto, Paola y Amanda, mi raíz y mi porvenir, y a mi nieta, Milaya Isabel, estrella nueva de mi universo. A papi y a mami, por su apoyo y por creer en mí. A las mujeres jefas de familia, valientes, creadoras y emprendedoras. A los niños de mis cuentos, que me han enseñado a jugar en medio de la tormenta. A las emociones que me habitan y me inspiran. A la niña que fui, que escribió para no ahogarse, y terminó descubriendo su voz en el quebranto, olvidando el ego y renaciendo en el ser.

Esto es para ti,
        con todo mi amor...
                con mucho infinito.

Brenda Teresa

Contenido

	Página
La PALABRA	13

Palabras al Duelo

I	17
II	18
III	19
IV	20
V	21
VI	22
VII	23
VIII	24
Los olores del recuerdo	25

Palabras al Renacer

IX	29
X	30
XI	31
XII	32
XIII	33
XIV	34
XV	35

Palabras a la Maternidad

XVI...	39-40

Contenido

	Página
XVII	41
XVIII	42

Mis Letras

XIX	45
XX	46
XXI	47
XXII	48
XXIII	49
XXIV	50
XXV	51
XXVI	52
XXVII	53

Con Mucho Infinito

XXVIII	57
XXIX	58
XXX	59
XXXI	60
XXXII	61
XXXIII	62

Contenido

Página

Cariñitos y Desamores

XXXIV	65
XXXV	66
XXXVI	67
XXXVII	68
XXXVIII	69
XXXIX	70
XL	71
XLI	72
XLII	73

Bruja, Puertorra, Sandunguera

Bendita Patria	77-78
Bruja, Puertorra, Sandunguera	79-80
Penurias en mi Borinquen	81
Con las Verdades a Flor de Piel	82-83
Agua Bendita	84
Gente Positiva	85

Biografía 89-80

    Redes Sociales 91

La *palabra* siempre será mi néctar, péndulo de mi vida.

Duelo

I

(des)ANDANDO el consuelo.

Me hospedo en la soledad

de mis silencios.

Queriendo ser,

soy todo y nada

                      al mismo tiempo.

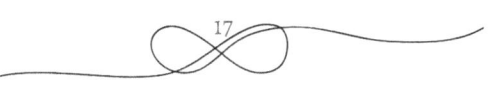

II

En mi adentro,

allá en la esquina más recóndita,

tengo un lado azul oscuro...

                         hondonado.

Así como esos que,

cuando miras de reojo,

te hacen —sin querer—

estancarte en las penurias del olvido…

                         a medio pocillo.

III

Voy a rescatarme

de las noches hondonadas y azules.

Voy a censurar las penas.

Cerraré la puerta

para vestirme de silencio,

        depurarme

                y volver a empezar.

IV

Tal vez, pronto amanecerá:

las heridas irán sanando

y el mar, nuevamente,

me dejará entrar en su reino

a modo de refugio;

    entonces, la libertad será mi poema.

V

Si acaso un día alguien me encontrara

ebria de dolor como un pájaro herido,

déjenme vivir mi duelo como quiera,

déjenme llorar *a capella*

este dolor tan GRANDE

déjenme sufrir por el hambre

de todos mis futuros,

todos esos futuros que (nunca) podré

vivir junto a mi PADRE.

VI

No me cabe la rabia

ni el dolor en el pecho;

tampoco, la impotencia

de no poder salvarlos.

    Me derrumbo sin treguas.

VII

Me sorprendió el luto.

Tengo rabia y dolor al mismo tiempo.

        Abandonada, me abandono

en el hambre de todos mis futuros.

Y es que tengo su partida en todas mis espaldas.

¿Quién dijo que el consuelo me basta?

¿Quién dijo que lo había pedido?

Si yo, desde hoy, declaro mi alma en bancarrota

y me hospedo en la soledad de todos mis silencios.

VIII

El cáncer es como el viento huracanado,

siempre convence

a la puta muerte

para llegar antes de tiempo.

Los Olores del Recuerdo

La puerta de Barra Verde, en la ciudad colonial de Santo Domingo, estaba abierta; allí estaba yo, sentada, dando vueltas en los taburetes redondos color rojo pasión, con la ilusión de todas las niñas pequeñas que esperan los regalitos de los tres Reyes, descubriendo el olor a china nacional mezclado con leche y vainilla; saboreando el mejor pan de maíz del mundo, *mojaíto* con morirsoñando, como siempre lo pedía mi papá, que en paz descanse.

Entonces, morí soñando que vivir era urgente y necesario porque pronto dejaría de creer en los Santos Reyes…

…y mi papá no duraría para siempre.

Renacer

IX

Resurjo en mis versos como amapola *puertorra*

en el desierto de todos los olvidos:

continúo *pa'lante* sin mirar atrás.

Ahora YO.

Ronroneo la verdad,

            el presente,

                      el verbo.

x

Desde la orilla,

—una vez más—

vuelo apalabrada,

en alegría,

hacía todos los soles de la Tierra.

Vuelo sin descanso,

y veo cuántas veces más nace el poema.

                          Pervivo en cada amanecer.

XI

Me recorre la musa

por *toítos* los recovecos.

Respiro tiempo nuevo.

XII

Al fin desperté del letargo

cuando murieron todas las horas

de aquel pasado incierto…

en sombras.

Coño, ¡por fin!

Degusté el paraíso de una bocanada.

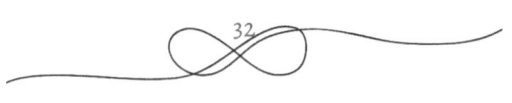

XIII

A las penurias,

yo las miro de frente;

sin miedo, las palpo

para conocerlas bien

y dejar de repetirlas

cuando el invierno me conceda

todas las primaveras perdidas.

XIV

Tengo una reserva de gozo guardada en el alma. En esos días en los que llueve lloviendo, me enfoco en el gozo que me ha causado todo lo bonito que la vida me ha regalado. Desecho las penurias, hago *mutis*, apuesto a las querencias…. y (re)VIVO.

¡Enfócate en tu gozo!

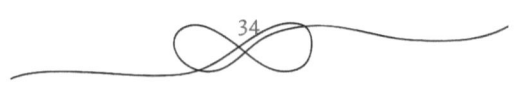

XV

Que sigan nuestras rutas liberándonos,

siendo siempre como queremos ser.

Que los desencuentros se queden

en el más allá del olvido

y que nunca nos importen

los kilómetros que haya que recorrer.

La ruta, aunque breve, nos viste de floresta.

Maternidad

XVI

A través de los años,

cobijando palabras a distancia,

no subsisten los deseos de sobrevivir

las voces del pasado.

Ahora, la sangre grita verdades

y la conciencia me amanece.

Ya no subsisten los ecos

ni los recuerdos en la memoria.

Ya se clausuraron los espacios

para nombres sin sentido.

Ya se acabaron las audiciones,

los simulacros patéticos de amores sin arcoíris,

esos que, aunque intentaron merodear

                              por mis pieles,

no dejaron huellas en mis calendarios.

A través de los años,

sin palabras ni promesas,

sin distancias, solo tiempo,

me sobrevivo sin sombras.

Tan blanca es la pureza que me retorna

a la idea de amanecer de nuevo

en el YO perfecto de una vida sin miedo,

abrazando las miradas infinitas,

las palabras y los sueños

de mis tres partos:

      ellas y él,

           PLURAL DEL AMOR VERDADERO.

XVII

Siento sus penurias como si fueran mías.

Tal vez, la vida me devuelva el tiempo perdido

y me conceda verlo nacer

        DE NUEVO.

XVIII

Le entregamos un puñado

de VERSOS HUÉRFANOS

      y lo dejamos a la deriva.

Y la vida misma se encargó

de pasarle factura

      SIN SER CULPABLE.

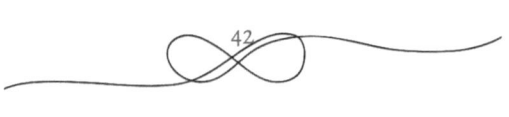

Mis Letras

XIX

Entre el vivaracheo y la tormenta,

hay verdades que solo me salen en letras.

XX

Todos estamos hechos de verdades y mentiras;

de silencios y discursos flacos,

de noches soleadas

—a veces oscuras—,

y días de invierno en pleno verano.

        (Y no pasa nada, sácalo pa' fuera,

                escribe y sana).

XXI

Mis letras, desahogos, poemas o como quieran llamarle, me han salvado de todas las oscuridades, decepciones, deslealtades, amigos falsos, amigas de mentirilla, familiares confundidos, amores en cuclilla.

Mis letras, o como quieran llamarle, me ayudaron a florecer en el abismo, a sacar pa' fuera la penuria y proteger por siempre mi alma pura.

Mis letras, o como quieran llamarle, expresaron todo lo que no pude, todo lo que, por cobardía y vergüenza, mantuve en *mutis* por mucho tiempo.

XXII

Todo lo vivido cabe en una palabra…

                si se nombra con verdad.

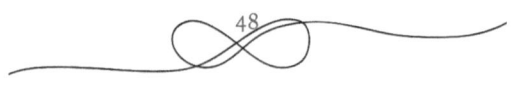

XXIII

Cuando no supe qué hacer con tanto,

> hice versos.

XXIV

Se siente bien salvar tu alma.

Libérate sin miedo.

Yo me liberé.

y, cada día, me libero.

Libre y liberada,

        escribiendo.

XXV

A veces, escribir es la única forma

                       de volver a habitarse.

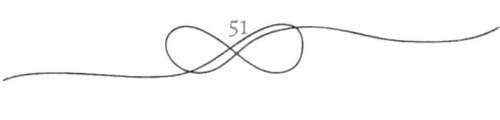

XXVI

Hagamos de la vida pasiones,

versos verbos en *high definition*.

Hagámosle, pues,

que nuestra prosa sea reflejo

de la pureza de nuestra alma;

que aporte,

        conquiste,

                restaure,

y se luzca soberana en el jelengue.

XXVII

Que se vistan mis orillas con todos tus recuerdos

y se estire la noche para parir

versos nuevos.

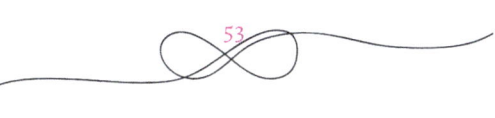

XXVIII

Siempre.

Siempre nos esperan puertas.

Puertas más abiertas

que cerradas;

con mucho paisaje,

con mucho infinito.

Entremos sin temores,

hurguemos sin recato.

XXIX

Cuando la misión es clara,

    la voluntad se impone.

XXX

Susúrrame tu prosa,

Siemprebendita.

Róbale días al futuro,

hazte presente y verbo

en toítos mis recovecos.

                                        Igual que ayer.

XXXI

Cuchichean.

Ululan al son de la cobardía.

                         Escucho sus ojos.

XXXII

Me alegran los instantes vividos,

las huellas que me han dejado

            TODOS LOS DESTINOS

la raza,

la esencia,

la vibra que hemos compartido

        en las calles de otras patrias.

XXXIII

Caduquemos los silencios.

Traduzcamos nuestra jerga.

Hablemos firme y fuerte,

clarito de frente,

sin pudor y sin pausas,

de a verdura, siempre con cordura.

Cariñitos y Desamores

XXXIV

¡Que vivan las bocas benditas

que besaron nuestros labios

pariendo promesas!

XXXV

Deja que tus labios inventen un nuevo idioma

con los míos...

nuestra jerga,

nuestro dialecto,

nuestra prosa.

XXXVI

Déjame palpar el calor de tus pieles

para robarme su aroma

y guardarlo en mis memorias.

Así podré recordarte cada instante

                  ...aunque no estés conmigo

XXXVII

En el beso de los BESOS SIN RAZONES

te beso sin besarnos,

                me besas sin besarme.

De pronto, NOS BESA EL ALMA.

El alma besamos si nos besamos

cuando nos besamos sin besarnos,

           cuando nos besamos besándonos.

XXXVIII

TÚ me rescatas;

      YO te vivo In crescendo.

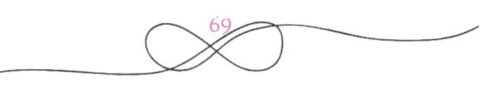

XXXIX

Cuando tu boca se vistió de furia,

se rompió el espejismo,

se esfumó la magia,

se me desganaron las ganas.

AHORA,

solo veo tus pasos falsos,

tus palabras flacas

y mi puerta cerrada.

XL

Que se quede el olvido

en el olvido de todos los olvidos;

allá, bien lejos, en la nada de las nadas.

Sí, allí, lejos de mi hábitat,

donde la lejanía no se divisa.

Fuiste mentira y adiós desde el primer instante.

XLI

¿Recordarlo?

Recordarlo sería

un STANDING OVATION a su cobardía,

y mis pieles hace mucho tiempo

hicieron DETOX para sanar

mi cuerpo

mi alma

de la PORQUERÍA.

XLII

Te perdiste quien era

                     ALMA ADENTRO

Y allá,

      en la vuelta de la esquina,

           el amor fue posible.

Bendita Patria

Bendita PATRIA donde nací:

A veces me dueles,

no sé cómo lucharte,

pero cuando veo tus montañas verdecitas,

me recuerdas la esperanza,

me engrandeces el alma.

Tus mares me embriagan de paz,

siempre me vistes con orgullo puertorro,

me vivaracheas,

y se me va el dolor porque te vivo.

Bendita yo porque el todopoderoso te escogió

A TI

para ser mía.

MI PATRIA,

Patria MÍA.

Bendita, perfecta y bonita,

mi Borinquen querida,

en donde hasta una alcapurria me llena

de ganas,

de raza.

de FELICIDAD.

Bruja, Puertorra, Sandunguera

Le regalo mis silencios

y mis espacios vacíos

a la nada.

Que se los lleve el olvido.

Le regalo el diploma, el *status* social,

la doble cara de tantos,

las cuentas bancarias con muchos ceros,

las propuestas de los machos de quinta

con olor a estiércol,

las heridas sin cicatrizar,

las ausencias que me duelen el alma,

los lugares concurridos

por la *elite portorricense*,

los cobardes, los que no luchan,

los que no respetan a mis niños, a mis causas.

Quiero vivir viviendo con vida este hoy...

...y cualquier viernes vivaracho.

Quiero una barra con sabor a raza puertorra,

con el bullicio de la gente real,

con olor a tierra adentro;

quiero salsa, de la *golda*, a tó volumen,

boleros, bomba y un chequeré.

Que venga el pitorro, el ron caliente.

Ya tengo las tacas puestas

pa' treparme en la mesa de madera.

Voy a mover el esqueleto

        libre y liberado

                al son de la vellonera...

Y, por favor, que nadie me venga

a aguar la fiesta,

que hoy soy bruja,

        puertorra,

                sandunguera.

Penurias en mi Borinquen

Voy a la cima de El Yunque a depurar mi alma una vez más. Quiero mirarte bonito, Borinquen preciosa, patria querida, y desde allá arriba, con tu valentía, esa que se regodea por todas mis rutas, quiero gritonear sin recato todas mis querencias; quiero agradecer por todo lo que tengo, pero más que nada, quiero doblar rodilla, como nunca, para entregarle mis penurias al que todo lo puede.

Quiero comprender. Quiero pedirle con humildad por todos los míos, una vez más, una tregua, un descanso, otra oportunidad; al menos, un instante de libertad…

…y que perdure la sanidad.

Con las Verdades a Flor de Piel

Unidos,

juntos siempre,

SOMOS.

Enyunta'os (en verbo presente).

Brillosos,

fuertes,

SOBERANOS.

Como el sol de un mediodía ponceño,

metiéndole cancha a las palabras,

bien puestos pa' lo nuestro.

Uña y mugre,

con las verdades a flor de piel

y el respeto como primera bandera.

Mar, arena culebrense,

somos toíto lo que el mundo quiere,

lo que la raza nos regala

y regalamos pa' lante.

Tú,

yo,

siempre nosotros.

Esencia,

pureza del alma.

Amor perfecto

de imperfecciones,

pero siempre tan bonito

como el lelolai de la patria.

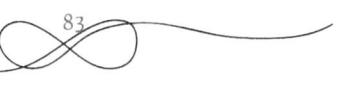

Agua bendita

El terreno está fértil

para sembrarle buenas nuevas.

Ya está listo para que las manos,

        siemprevivas,

                derroten la sequía.

¿Por qué nos cuesta tanto cosechar bendiciones?

¿Cuándo dejamos de creer que siempre se puede?

Agua bendita pa'l terruño.

Agua bendita pa' mi gente.

                Señor, agua bendita.

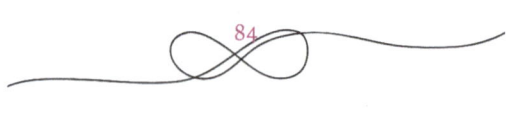

Gente Positiva

Me gusta la gente positiva,

llena de esperanza.

Me gusta creer en los demás

y luchar juntos

                para un mejor mañana.

Las personas tristes,

pesimistas y amargadas

me cansan,

no las quiero por mis rincones...

                              ¿pa' qué?

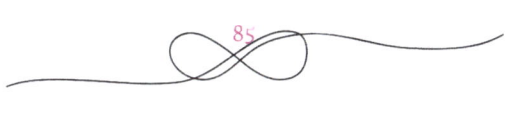

Biografía

Brenda Teresa

Comunicadora en salud, tallerista, cuentacuentos, locutora comercial y creadora de espacios para el bienestar emocional y creativo. Desde muy pequeña, encontró en la escritura un refugio frente al dolor, las alegrías y las incertidumbres de la vida. Sus poemas, cuentos y reflexiones surgen del deseo profundo de conectar, sanar y provocar autorreflexión desde la experiencia vivida.

Actualmente se desempeña como directora ejecutiva de la Asociación Puertorriqueña de Diabetes, una organización líder en la educación, prevención y manejo asertivo de la diabetes. Además, es gerente general de BAM: Bienestar, Armonía y Mente, desde donde diseña e implementa programas educativos de bienestar corporativo, ayudando a empresas, patronos y sus empleados a transformar sus ambientes laborales en espacios más humanos, conscientes, productivos y saludables.

Como comunicadora en salud y tallerista, ha facilitado decenas de experiencias formativas en temas de prevención en salud, manejo de emociones, creatividad, comunicación efectiva, escritura creativa y desarrollo personal. Su voz también ha acompañado múltiples campañas educativas como locutora comercial, donde une su presencia escénica, su calidez y su claridad comunicativa.

En el mundo artístico y educativo, da vida al personaje infantil Titeresa, una cuentacuentos que enseña a los niños, a través de la lectura, valores, emociones y creatividad, y con quien ha visitado escuelas, comunidades y diversos escenarios.

También es la mente y el corazón detrás de *Bee Soul*, un espacio poético digital donde comparte sus versos, reflexiones y desahogos con una comunidad que busca palabras que abracen. Algunos de sus poemas han sido publicados en obras literarias colectivas como parte de su trayectoria como escritora. Su primer libro publicado fue El Juego como enseñanza de la materia K-12 (2013) en el cual presenta estrategias de enseñanza y el uso de títeres y máscaras para fomentar el proceso de aprendizaje en niños y jóvenes.

Posee una Maestría en Educación en Salud Pública del Recinto de Ciencias Médicas de Puerto Rico, un Bachillerato en Educación Elemental y Especial de la Universidad del Sagrado Corazón, y estudios en teatro, disciplina que le ha permitido conectar el cuerpo y la palabra en todos sus ámbitos.

Es madre de tres y abuela de una, y considera que cada uno de esos roles la ha nutrido como mujer, artista y profesional. Brenda Teresa es, ante todo, una narradora del alma: escribe para acompañar, para motivar, para no olvidar, para sanar y volver a empezar.

Sigue a Brenda Teresa en Instagram

 beesoul_bee

www.ingramcontent.com/pod-product-compliance
Lightning Source LLC
Chambersburg PA
CBHW042310150426
43198CB00001B/24